上田淳子

初めての
ひとり
キッチン

講談社

目次

料理をする前に
知っておきたいこと

2章

火も包丁も使わない
調理家電レシピ

1章

誰でもできる!
のっけるだけレシピ

のっけご飯

3章

体のことを考えた
「すぐでき」レシピ

のっけパン&のっけ焼きパン

豆腐を使って

ぶっかけうどん

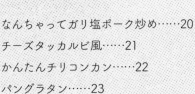

4章

鍋に材料を入れるだけレシピ

インスタントラーメンを使って

ゆでパスタを使って

5章

フライパンで作るビギナーレシピ

魚を使って

さっと作れる栄養レスキューおかず

はじめに

この本の6つの特徴

❶ 材料は基本1人分。少ない量でも作りやすいレシピです。

❷ 野菜は半端に残らないように使い切りやすい分量です。

❸ 簡単で野菜がたっぷり食べられるメニューです。

❹ ミニマムな道具、買いやすい調味料と食材で作っています。

❺ 計量いらず、包丁いらず、火を使わないレシピが
　たくさんあります。

❻ ビギナーでもあせらずに作れる工夫がたくさんあります。

この本はいままでのビギナー向け料理本よりも、
さらに一歩手前の段階を想定しています。

「包丁が使えない……」「火の扱いに自信がない」と料理に踏み出せなかった人も、
まずは食材を手にとって、自分で食べるものを作ってみましょう。

のっけるだけ、チンするだけでも立派な料理。
やってみておいしければ、もっともっと料理がしてみたくなるはずです。

次は鍋やフライパンで……と経験を重ねていくうちに、
料理の腕は上がっていくでしょう。

なるべく簡単にできるように工夫した「近道」レシピをきっかけに、
自分で食べるものを、自分で作れる人が増えるといいなぁと思っています。

上田淳子

この本の使い方

・材料や作り方にある「小さじ1」は5㎖、「大さじ1」は15㎖です。
・電子レンジの加熱時間は600Wのものを使用した場合です。
　500Wの場合は加熱時間を1.2倍にしてください。
　トースターの加熱時間は1000Wの場合の目安です。
・野菜類は特に表記のない場合は、皮をむく、洗うなどの作業を行ってからの手順を記載しています。

料理をする前に

知っておきたいこと

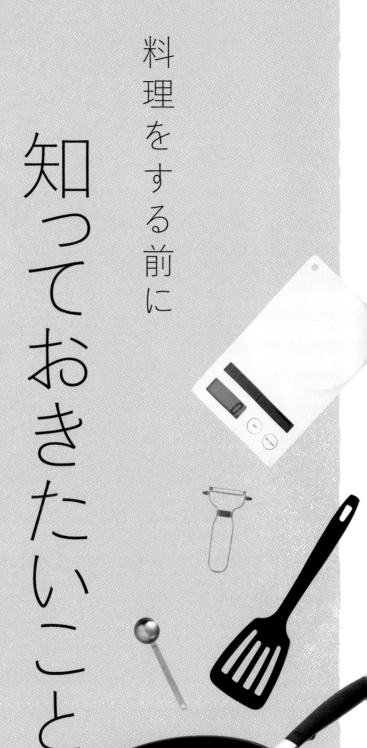

揃えておきたい道具と調味料

この本で紹介する59メニューを作るのに使う道具と調味料を紹介します。
これだけあれば、自炊はお手のもの。

道具　たくさん揃えなくても料理は作れる

ボウル・ざる
直径20cmで耐熱性のもの。ざるはボウルに重ねられる大きさで取っ手つきが使いやすい。

菜箸・トング
箸は調理中でも熱くないように食事用より長めで。トングは耐熱性のものを。

ゴムべら・フライ返し
焼いているものを裏返したり、器に盛るときに使う。耐熱性のものがおすすめ。

キッチンばさみ
袋ものを切るだけではなく、肉や野菜などの食材を切るのにも使える。

お玉
汁や液体をすくう。持ち手が熱くならない素材のものを選んで。

フライパン
直径22cmの深めでコーティング加工がしてあるもの。ふたは中が見えるほうがいい。

鍋
直径18cmのふたつき片手鍋が使いやすい。そのままテーブルに出せる1人用土鍋もあると便利。

ラップ
電子レンジで加熱するときや残った材料を冷蔵庫にしまうときに使う。

ペーパータオル
洗った野菜の水けをふきとったり、フライパンについた汚れをふくときに使う。

包丁・ピーラー
刃が15〜18cmの「三徳包丁」と呼ばれるものが使いやすい。皮むき用のピーラーも。

まな板
キッチンのサイズに合った小ぶりのものを。厚め、薄めと2枚あるといい。

計量ツール
重さをはかるデジタルスケール、液体をはかる計量カップ、計量スプーンは揃えたい。

調味料　基本のものから、味の幅を広げるものまで

☐ 砂糖	☐ ソース	☐ サラダ油	☐ にんにく	☐ コチュジャン
☐ 塩	☐ ケチャップ	☐ オリーブオイル	（チューブタイプ）	☐ 一味唐辛子
☐ 酢	☐ めんつゆ	☐ ごま油	☐ しょうが	☐ だしパック
☐ しょうゆ	（3倍濃縮のもの）	☐ バター	（チューブタイプ）	☐ ポン酢
☐ みそ	☐ マヨネーズ	☐ 鶏がらスープの素	☐ わさび	
☐ みりん	☐ こしょう、	☐ 洋風スープの素	（チューブタイプ）	
☐ 酒	粗びき黒こしょう		☐ 豆板醤	

包丁の基本的な使い方をチェック

意外と知らない包丁の使い方。正しい使用法を覚えておくと、
料理が楽しく、ラクにできるようになります。

1. 持つ

柄の真ん中をしっかり握る。人差し指は立てない。

2. 置く

刃は人が立つところと反対側に向けて置く。切るものはまな板の真ん中にセット。まな板が滑らないように台の水や汚れをふいておく。

うっかりひっかけて落としそうなところには置かないこと

3. 押さえる

包丁を持たないほうの手でグラグラしないようにしっかり押さえる。手首をまな板につけるのがコツで、指を丸めると安全。丸いものは指先でしっかり押さえる。

4. 切る

包丁は真下にストンとおろすと切りにくいもの。押したり引いたりすることでスッと切れます。基本は「押し切り」で。

皮をむくときはピーラーで

じゃがいもやにんじんの皮をむくときは、ピーラーが便利。包丁のときと同じように、材料をしっかり押さえて、表面をスーッとひっかくように動かす。

材料のトリセツ

レシピを見る前に知っておきたい

野菜、保存食品の取り扱い方は、くわしくレシピに書いていないもの。
ここでチェックしておきましょう。

野菜

プチトマト

へたを取ってから、ボウルにためた水で洗う。

もやし

水をはったボウルに、もやしを入れたざるを重ねて洗う。上から水道の水を流しながら洗ってもOK。

ピーマン

水をはったボウルに、ピーマンを入れて洗う。縦半分に切り、種とわたを指で取り除く。

にんじん

ボウルにためた水の中で、たわしを使って泥を落とす。皮はピーラーでむく。へたは包丁で切り落とす。

キャベツ

外側から1枚ずつ葉をはがして取る。ボウルにためた水の中で、汚れを指でこすり落とす。ざるにあげて水けをきる。

玉ねぎ

ボウルにためた水の中に入れてしばらくおき、皮を上から横方向にくるくるとむく。縦半分に切り、上と下を切り落とす。

じゃがいも

ボウルにためた水の中で、たわしを使って泥を落とす。皮はピーラーでむく。むききれないくぼんだところは芽なので、ピーラーの両端にある出っぱり部分でえぐうように取る。切ってすぐ使わないときは、水をはったボウルに入れておく。

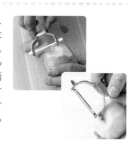

レタス

根元の部分に指を入れて葉を1枚ずつはがし、ボウルにためた水で洗う。根元は汚れがたまっているので、指でていねいに。葉は水の中でふるように。水けはペーパータオルでふきとる。

保存食品

冷凍食品

あらかじめ出しておくのではなく、使う直前に出して、残りはすぐしまう。

びん

びんの中のものを取り出すときは、きれいなスプーンを使うこと。ほかのものがついたままで入れるのはNG。

缶詰

缶のプルトップをひっぱってふたをあける。汁けは中身が出ないようにふたで押さえながら傾けて流し出す。残ったら密閉できる保存容器にうつす。

乾物

わかめ、お麩など乾燥させてあるものが「乾物」。湿気が苦手だから、使ったらしっかり袋を閉じておく。

1章

誰でもできる！

のっけるだけ

レシピ

ご飯、パン、うどんに具をのっけて。
細かい計量はなし！

のっけご飯

あったかご飯にのせるだけで完成。
料理はこんな感じからスタートして!

刺身にしょうゆを
からめるだけ

口に入れると、
えび天丼の味に

漬け丼

材料(1人分)

 サーモンの刺身…6切れくらい

万能ねぎ…1本(冷凍の刻み万能ねぎを使っても)

しょうゆ…刺身にからまるくらい(小さじ2程度)

わさび(チューブタイプ)…好みの量

 ご飯…どんぶり1膳分

作り方

1 刺身にしょうゆをかけ、全体にからめて
10分ほど冷蔵庫でおく(翌日まで保存OK)。

2 ご飯に1の刺身を広げ、漬け汁を全体
にまんべんなくかける。

3 わさびを添え、万能ねぎをキッチンばさ
みで切りながら散らす。

なんちゃって天丼

材料(1人分)

 サラダ用ゆでえび…5〜6尾

 揚げ玉…好みの量(大さじ2程度)

万能ねぎ…1本(冷凍の刻み万能ねぎを使っても)

めんつゆ(3倍濃縮)

…大きく1回し(大さじ1程度)

 ご飯…どんぶり1膳分

作り方

1 ご飯にえびを並べ、万能ねぎをキッチ
ンばさみで切りながら散らす。

2 揚げ玉をまんべんなく散らし、めんつゆ
を回しかける。

メモ えびのかわりに、裂いたかに風味かまぼこでもOK。

メモ
キッチンばさみがあれ
ば、まな板&包丁いら
ずで万能ねぎが刻め
る! 一気に切って冷凍
保存すれば便利。

サラダチキン丼

材料（1人分）

 サラダチキン…1枚（110g）

 ザーサイ…好みの量（カレースプーン1杯くらい）

万能ねぎ…1本（冷凍の刻み万能ねぎを使っても）

しょうゆ…小さめ1回し（小さじ1程度）

ごま油…小さめ1回し（小さじ1程度）

 ご飯…どんぶり1膳分

作り方

1 サラダチキンを食べやすくちぎってほぐす。

2 ご飯にザーサイとサラダチキンを広げ、万能ねぎをキッチンばさみで切りながら散らす。

3 しょうゆとごま油を回しかける。

メモ
ちぎったレタスを加えれば、さらにチャーハンっぽくなる!

炒めてないのにチャーハンっぽい

サルサ丼

材料（1人分）

 アボカド…1/2個（冷凍のアボカド100gを使用しても）

プチトマト…3個

 ツナ缶…小1缶（70g）

A | **酢**…小さめ1回し（小さじ1程度）
| **オリーブオイル**…1回し（小さじ2程度）
| **塩**…小さじ1/6（1つまみ）

一味唐辛子…好みの量

 ご飯…どんぶり1膳分

作り方

1 アボカドはスプーンで食べやすい大きさにすくいだす。

2 ツナ缶は汁けをきり（p.8参照）、**A**を入れて小さなスプーンで混ぜる（味見して少ししょっぱいくらいでOK）。

3 ご飯にアボカド、へたを取ったトマトを広げ、真ん中に*2*をのせて一味唐辛子をふる（多めがおすすめ）。

 アボカドをくずしよーく混ぜて

メモ
残ったアボカドは皮を取って冷凍保存袋に入れ、酢をちょっと加えてからめ、軽くもみつぶして冷凍しておくのがおすすめ。自然解凍して使えます。

のっけパン＆
のっけ焼きパン

サンドイッチよりも気軽。
おいしくて栄養もとれる！

"せん切りキャベツが一袋も食べられる"

"ワインのおつまみっぽいコンビ"

ハムチーズ
コールスローパン

材料（1人分）

 ハム…2枚

 スライスチーズ…2枚

 せん切りキャベツ…小1袋（130〜150g）

マヨネーズ…ギューッと2絞り（大さじ1）

こしょう…1ふり

 食パン（6枚切り）…1枚

作り方

1 キャベツの袋を開き、マヨネーズを絞り、こしょうをふって袋ごとキャベツがしんなりするまでもみ混ぜる。

2 パンにスライスチーズを置き、*1*を広げてハムをのせる。

メモ
材料をのせる順番に決まりはないけれど、見映えがいいのはこの順かも。

クリチ生ハムパン

材料（1人分）

 クリームチーズ（小分けタイプ）…1個（18g）

 生ハム…4枚（25g）

粗びき黒こしょう…2ふり

 食パン（6枚切り）…1枚

作り方

1 クリームチーズは包み紙ごと両手でもんで、やわらかくする。

2 食パンにクリームチーズをのせ、スプーンの背などで全体に塗り広げる。

3 生ハムをふんわりのせ、こしょうをふる。

メモ
甘いものが好きな人は生ハムのかわりにジャムをのせるのもおすすめ。

ピザトースト

材料（1人分）

- ハーフベーコン…2枚
- ピーマン…1個
- ピザ用チーズ…小さい1つかみ（20g）
- ケチャップ…好みの量（ギューッと1絞りくらい）
- 一味唐辛子…好みの量
- 食パン（6枚切り）…1枚

作り方

1. ピーマンはへたと種、わたを取り除き、小さくちぎる。ベーコンも食べやすい大きさにちぎる。
2. オーブントースター用の天パンに食パンを置いてケチャップを絞る。スプーンの背で塗り広げ、一味唐辛子をかける。
3. ベーコンとピーマンをのせ、チーズを散らす。オーブントースターに入れ、焼き色がつくまで5〜8分焼く。

メモ
ピーマンは包丁を使わなくても、
手でちぎったり、裂いたりできます。

ケチャップに一手間で、ピザソースに

ベーコンエッグトースト

材料（1人分）

- ハーフベーコン…2枚
- 卵…1個
- マヨネーズ…パンのまわりを囲む程度
- こしょう…1ふり
- 食パン（6枚切り）…1枚

作り方

1. オーブントースター用の天パンに食パンを置いてベーコンをのせる。
2. こしょうを1ふりし、マヨネーズをパンの耳の一回り内側に四角く絞る。真ん中のスペースに卵を割り入れる。
3. 卵がこぼれないようにそっとオーブントースターに入れ、卵の白身が白くなり、マヨネーズに少し焼き色がつくまで8〜10分焼く。

メモ
卵が流れ出てしまわないように、
マヨネーズは土手を作るイメージで絞るのが大事。

あの「ラピュタパン」みたい！

ぶっかけうどん

冷凍うどんって本当に便利。
仲良くなれば
自炊力がアップする!

釜玉たらこうどん

うどん屋さんの人気メニュー

材料(1人分)

 卵…1個

 たらこ…小1/2腹もしくは
カレースプーン1杯程度(35g)

めんつゆ(3倍濃縮)
…1回し(小さじ2程度)

 焼きのり…好みの量

冷凍うどん…1玉

作り方

1 冷凍うどんを内袋ご
と電子レンジで3分
30秒加熱する。

2 食べる器にほぐしたた
らこと卵を入れ、混ぜ
合わせる。

3 袋からうどんを出して
2に入れ、手早く混ぜ
る。さらにめんつゆを
加えて混ぜ、ちぎった
のりをのせる。

メモ 袋からうどんを出すときは、熱い蒸気でやけどしないように注意して。

14

かにかまがいい仕事します

まるごと使って栄養満点

ボリューム 冷やしたぬきうどん

材料（1人分）

 かに風味かまぼこ…4〜5本（40g）

揚げ玉…好みの量（大さじ3程度）

 万能ねぎ…1本（冷凍の刻み万能ねぎを使っても）

めんつゆ（3倍濃縮）…大さじ2

冷凍うどん…1玉

作り方

1 かに風味かまぼこを細く裂く。

2 冷凍うどんを内袋ごと電子レンジで3分30秒加熱する。袋からうどんを出し、ざるに入れて冷水で冷やし、水けをしっかりきる。

3 器にうどんを盛り、揚げ玉、*1*をのせる。万能ねぎをキッチンばさみで切って散らし、めんつゆをかける。

メモ
うどんを冷やすときは、ざるとボウルを重ねて冷水につかるように。

冷やしさば かいわれうどん

材料（1人分）

 さば水煮缶…1缶（190g）

 かいわれ大根…1パック（正味50g）

めんつゆ（3倍濃縮）…大さじ2

 冷凍うどん…1玉

作り方

1 さば缶は、汁けをきり、軽くほぐしておく。かいわれ大根は根をキッチンばさみで切り落とし、水でさっとゆすいで水けをきる。

2 冷凍うどんを内袋ごと電子レンジで3分30秒加熱する。袋からうどんを出し、ざるに入れて冷水で冷やし、水けをしっかりきる。

3 器にうどんを盛って*1*をのせ、めんつゆをかける。

メモ
さば缶のかわりにツナ缶を使ってもおいしいです。

加熱調理器具のトリセツ

フライパンや鍋での料理に使うガスコンロ、IHヒーター。あたために便利な電子レンジ。
安全に活用するためには知っておきたいことがあります。

ガスコンロ

コンロの火が真ん中に当たるように置く。柄や取っ手はひっかけないように台からはみ出させないこと。
燃えやすいものや生ものは近くに置かないで。お玉やスプーンは熱くならないように、鍋に入れっぱなしにしないで外に出しましょう。

火かげん

弱火

炎の先がちょっと底につくぐらい。

中火

炎の先が底に当たっている。

強火

炎の先が広がって底全体に当たっている。

IHクッキングヒーター

IHヒーターでは10段階調節の製品だと1~3が弱火、4~6が中火、7~10が強火というのが目安。
調理後にヒーターの上にのせたままにしていると、どんどん熱が入ってしまい、料理したものの状態が変わってしまうので要注意。食べるまで少し時間があるときは、ヒーターからはずしておくこと。

電子レンジ

使える容器は耐熱性のボウルや保存容器、どんぶりなど。
金属製のものやアルミはく、木、薄いガラスは使用不可。

ラップはふんわりとかける。

取り出すときは器が熱いから気をつけて。

ラップは、熱い湯気がかからないように奥からはずす。

ご飯の炊き方を確認しましょう

ご飯を炊くのは自炊生活への第一歩。炊飯器まかせで簡単にできるけれど、
おいしくするにはスイッチを入れる前のプロセスが大事です。

1. 計量する

① 米用の計量カップに米を山盛りに入れ、手で平らにして計量する。米用の計量カップ1カップは180mℓ(＝1合)。2合はかる。

2. 洗う

② 米をざるに2合入れ、ボウルに重ねる。蛇口の下に置き、水を注ぐ。

③ すぐざるをあげて、ボウルの水を捨て、またざるを重ねる。

3. とぐ

④ 指を猫の手のように丸くして、ぐるぐると20回かき回す。②と同じように水を注いで捨てる。

⑤ 水がスポーツ飲料のような色になるくらいまで、3〜4回くり返す。

⑥ ざるをあげて水けをきる。

無洗米はここからスタート

4. 水を吸わせる

⑦ 炊飯器の内釜に⑥の米を入れる。

⑧ 内釜の目盛の「2合」のところに合わせて水を入れ、30分おく。

5. 炊く

⑨ 炊飯器のスイッチを入れる。

⑩ 炊きあがったら、水で濡らしたしゃもじで持ち上げるように、ご飯をほぐす。

※プロセスは2合の場合。

材料をはかる

計量するためにはいろいろな道具が。身近にあるものを目安にする方法も。
調味料は加減して入れて、足していくほうが失敗が少ない！

計量スプーン

大さじは15㎖、小さじは5
㎖。小さじ3杯分と大さじ1杯
分が同じ量。液体は表面が
こんもり盛り上がるくらい、
それ以外は表面を平らにして
はかる。

こんもり

平ら

塩や砂糖などの粉末や
マヨネーズなど半固形
のものは、こんもり盛っ
てから別のスプーンの
柄などで平らにして。

大瓶に入った液体は、
そのまま計量スプーン
に注ぐのはむずかしい
ので、一度器に出して
からはかると簡単。

計量カップ

カップ1杯で
200㎖。液体は
真横から見て、
液が平らになっ
ているところで
はかる。粉類は
ぎゅうぎゅうと入
れずにふんわり
入れて。

デジタルスケール

重さを計量するはか
り。はかるときは器
をのせておき、目盛
りをゼロにしてから
計量したいものを入
れてはかる。

身近にあるもので

お椀やマグカップ

200㎖

いつも使っている器に入る量を知っておくと便利。

食事用スプーン

カレースプーン1杯
＝約大さじ1

ティースプーン1杯
＝約小さじ1

手

親指、人差し指、中指の
3本でしっかりつまめる量
が1つまみ＝
約1g＝小さじ1/6（さらさらの塩）

目で

500円玉くらいの
大きさ＝大さじ1

直径10cmくらいの
マル＝大さじ1

チューブタイプ5cm
2本＝小さじ1

5cm

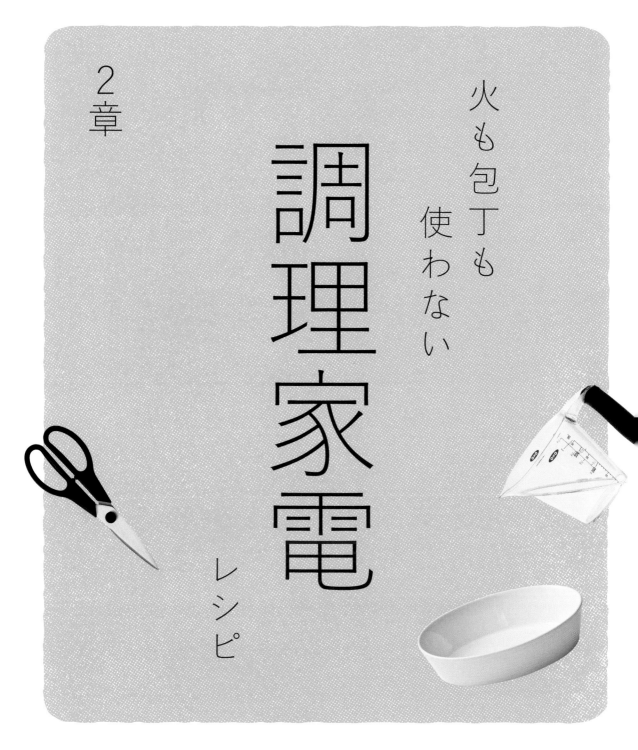

2章

火も包丁も
使わない

調理家電

レシピ

加熱調理は電子レンジや
オーブントースターにおまかせで OK

＊電子レンジ使用の注意点。

レシピに電子レンジの加熱時間がありますが、この時間では上手くいかない場合があります。
それは、使っているレンジのW数や機種、器の大きさや厚み、
そして、材料の温度や並べ方などが多少なりとも違うからです。
なので、最初は、記載の加熱時間を参考にしながら、
お持ちの機種のくせ（中心が火が通りやすい、またその逆など）をつかみ、
様子を見て加熱することを覚えましょう。※本書では600Wの電子レンジを使用しています。

火を使わずに
ガツンと味の炒めもの風!

調理時間
10
分

なんちゃってガリ塩ポーク炒め

材料(1人分)

豚こま切れ肉 ⓐ…150g

A にんにく(チューブタイプ)…5㎝(小さじ1/2)

　　塩…小さじ1/6(1つまみ)

　　こしょう…少々

もやし ⓑ…1袋(200g)

にら ⓒ…1束(100g)

B しょうゆ、ごま油
　　…各小さじ2

ⓐ　　ⓑ　　ⓒ

① 豚肉はパッケージのラップをはずし、トレイに汁があれば捨てて**A**を全体にからめる。

② ざるにもやしを入れ、にらをキッチンばさみで切って加える。全体を混ぜながら水洗いし、水けをきる。

③ 耐熱皿に①と②を交互に重ね、**B**を回しかける。ラップをして電子レンジで4分加熱する。取り出してラップをはずし、軽く混ぜる。

メモ

皿は直径20㎝より大きいものがおすすめ。キッチンばさみでにらを切れば、まな板を使わずにすみます。

« 人気の韓国料理が10分で完成 »

調理時間 **10** 分

チーズタッカルビ風

材料（1人分）

鶏もも肉（から揚げ用）ⓐ…150g
キャベツⓑ…大3枚（200g）

A コチュジャン…大さじ1
しょうゆ …小さじ1
にんにく（チューブタイプ）…10cm（小さじ1）
白すりごま、ごま油…各小さじ1
ピザ用チーズ ⓒ…50g

ⓑ　ⓐ　ⓒ

① 鶏肉はパッケージのラップをはずし、トレイに汁があれば捨てる。**A**を入れ、しっかりからめる。

② キャベツは一口大にちぎり耐熱皿に敷く。①の鶏肉を重ならないように広げのせる。ふんわりラップをかけて電子レンジで4分加熱する。

③ ②の皿をいったん取り出し、ラップをはずして全体を混ぜ、チーズを散らし、ラップをせずに再び電子レンジで2分加熱する。

メモ
から揚げ用の肉は一口大にカットしてあるので便利です。キャベツのような葉野菜は、包丁を使わずに手でちぎるとラク。

" 煮込み料理をレンジで手軽に "

調理時間
10
分

かんたんチリコンカン

材料（1人分）

合いびき肉 ⓐ…100g
ミックスビーンズ ⓑ…1袋(50g)
冷凍ブロッコリー ⓒ…5個

A｜ケチャップ…大さじ1
　｜中濃ソース…大さじ1
　｜オリーブオイル…大さじ1/2
　｜一味唐辛子…好みの量
バゲット（縦1/4に切る）…適宜

ⓐ　　ⓑ　　ⓒ

①

耐熱皿にひき肉とAを入れ
てよく混ぜ合わせる。ふん
わりラップをかけ、電子レン
ジで2分加熱する。

②

①の皿を取り出し、ミックス
ビーンズとブロッコリーを加
えてざっくり混ぜ、再度ラッ
プをかけて電子レンジで1
分30秒加熱する。トレイに
置き、好みでバゲットを添える。

メモ
一味唐辛子は多めくらいで、少し辛みがきいているほうがおいしいです。
パンはもちろん、ご飯にも合います。

**辛みを足すなら
一味唐辛子**

「七味唐辛子」はゆずの皮や
ごまなど風味を足すものが混
ざっているのに対し、「一味
唐辛子」は唐辛子の粉のみ。
和洋中エスニック、どんなテイ
ストの料理でも使えます。

" 休日のブランチにぴったり "

調理時間
15
分

（ひたす時間を除く）

パングラタン

材料（1人分）

食パン（6枚切り）ⓐ…1枚

卵ⓑ…1個

牛乳ⓒ…150㎖

ウインナーⓓ…4本（80g）

冷凍ほうれんそうⓔ…40g

ピザ用チーズⓕ…小さい1つかみ（20g）

A | **塩**…小さじ1/6（1つまみ）
| **こしょう**…1ふり

① 耐熱皿に卵を割り入れて溶きほぐし、牛乳、**A**を加え、さらに混ぜる。

② ①にちぎったパンを入れてひたし、ほうれんそう、ウインナーを加え、10分ほどおく。

③ ②にチーズを散らす。オーブントースターで卵液がかたまり、チーズに焼き色がつくまで10分を目安に焼く。

メモ

固くなったパンもおいしく食べられます。夜のうちに作り方②までやって冷蔵庫に入れておき、朝に焼いても。そのときは焼き時間を長めにしましょう。

電子レンジ、オーブントースターを使って

" コクうまリッチな味わい "

調理時間 **15** 分

トマトと鶏肉のマヨチーズ焼き

材料（1人分）

鶏もも肉（から揚げ用）ⓐ…150g
プチトマトⓑ…4〜5個
エリンギⓒ…1パック（100g）
マヨネーズ…大さじ1程度

ピザ用チーズⓓ…小さい1つかみ（20g）
A 塩…小さじ1/4（軽く2つまみ）
　　こしょう…少々
粗びき黒こしょう…少々

ⓐ ⓒ ⓓ ⓑ

① 鶏肉を耐熱皿に入れ、**A**をすり込む。プチトマトはへたを取る。

② ①の上に手で裂いたエリンギをのせる。ふんわりラップをかけ、電子レンジで3分30秒加熱する。

③ ②の皿を取り出し、ラップをはずしてプチトマトをのせ、マヨネーズを絞り、チーズを散らす。オーブントースターで焼き色がつくまで10分焼く。仕上げにこしょうをふる。

メモ
トマトによく火を通してとろりとしたいときは作り方②で入れて。マヨネーズが好きな人はたっぷり絞ってOK。

ゆで卵、目玉焼きを作る

そのまま食べても、料理にプラスしても!
ゆで卵、目玉焼きの作り方は知っておくと便利です。

ゆで卵

1. ゆでる

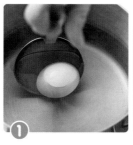  

①
鍋に湯を沸かし、塩少々を加え、卵をお玉で鍋の底に当たらないようにそっと入れる。

②
タイマーで時間をはかり、好みの固さになるまで中火でゆでる。

③
お玉で卵を取り出し、水をはったボウルにそっと入れて冷ます。

2. 殻を むく

④
さわれるくらいに冷めたら、平らなところに数ヵ所当てて、殻の全体にひびを入れる。

⑤
親指の腹(やわらかくてぷっくりふくれたところ)を使って殻をむく。

メモ
水からゆでずに、お湯が沸いてから卵を入れてゆでると殻がむきやすくなります。

好みの固さで

とろとろ卵	半熟卵	固ゆで卵

ゆで時間 5～6分	ゆで時間 7～8分	ゆで時間 9～10分

目玉焼き

1. 卵を割る

❶ 卵を平らなところに1ヵ所コツンと当てる。

❷ ①でできた割れ目に両方の親指を当てる。

❸ 小さな器に割り入れる。

2. 焼く

❹ フライパンに油をひいて、③をそっと入れ、弱めの中火にかける。

❺ ふたをして約1分焼き、全体が白っぽく固まってきたら、ふたを取って約1分焼く。

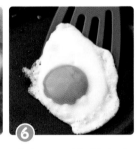

❻ 白身がふっくら盛り上がり、ふちが茶色くなったら火を止めて、器に盛る。

好みの固さで

半熟卵

ふたをして約1分、ふたを取って約1分焼く。

固焼き卵

ふたをして約4分焼く。

両面焼き卵

ふたをして約3分、裏返してふたをせずに約1分焼く。

3章

体のことを考えた「すぐでき」レシピ

疲れていても作れる！
夜中に食べても罪悪感が少ないレシピ

調理時間
5分

かさましバンバンジー

材料(1人分)

サラダチキンⓐ…1枚(110g)
もやしⓑ…1袋(200g)
レタスⓒ…大1枚(60g)

A | **すり白ごま**…大さじ1
マヨネーズ…大さじ2
コチュジャン…小さじ2

① もやしは耐熱のボウルに入れラップをする。電子レンジで3分加熱し、粗熱を取ってざるにあげ、水けをきる。

② ボウルにAを入れて混ぜ合わせる。

③ ②に食べやすい大きさに裂いたサラダチキン、①を入れる。よく混ぜ合わせ、皿にちぎったレタスを盛った上にのせる。

メモ
糖質が気になる人はコチュジャンを抜いて、一味唐辛子をふっても。

カルシウムがたっぷり

調理時間 **12** 分

厚揚げのチーズ焼き

材料（1人分）
厚揚げⓐ…1枚（150g）
ピザ用チーズⓑ…30g
しょうゆ…小さじ1

ⓐ　　　ⓑ

❶
厚揚げは包丁を使わずに、手で食べやすい大きさにちぎる。

❷
耐熱皿に厚揚げを入れ、しょうゆを加えて全体にからめる。

❸
②にチーズをのせて、オーブントースターで焼き色がつくまで10分ほど焼く。

メモ
厚揚げは高たんぱく、低糖質。食べごたえもアリで、罪悪感ゼロレシピの優秀食材です。

調理時間 **12**分

ほうれんそうのカマンベールココット

材料（1人分）

カマンベールチーズ
（カット済みのもの）**ⓐ**…3切れ（45g）
冷凍ほうれんそう ⓑ…100g

卵 ⓒ…1個
塩、こしょう…各少々
バター…5g

ⓑ   ⓒ

❶ 耐熱皿にほうれんそうとバターを入れ、ラップをせずに電子レンジで3分加熱する。

❷ ①の皿を取り出し、全体を混ぜ合わせて塩、こしょうをふる。

❸ チーズをのせ、卵を割り入れ、オーブントースターで卵が白っぽく固まるまで8分ほど焼く。

メモ
カマンベールチーズはカット済みのものがなければ、1/2個を3等分にして使いましょう。

豆腐を使って

材料（1人分）
木綿豆腐 ⓐ…小1丁（200g）
削り節 ⓑ…小1パック（2.5g）
万能ねぎ ⓒ…1本
しょうゆ…好みの量

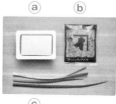

レンチン温やっこ

> 疲れて体調不良の日でも
> 食べやすい

❶ 耐熱皿に豆腐を置き、ラップをせずに電子レンジで2分加熱する。削り節をのせ、ねぎをキッチンばさみで1cm長さくらいに切りながら散らし、しょうゆをかける。

メモ
鍋料理をする気力もないときでも、
あったかい豆腐があるだけで体があたたまります。

調理時間
3分

材料（1人分）
木綿豆腐 ⓐ…小1丁（200g）
トマト ⓑ…中1個（150g）
塩、粗びき黒こしょう
　…各適量
オリーブオイル…大さじ1

豆腐とトマトの
カプレーゼ風

> 豆腐とオリーブオイルの
> 相性は最高

❶ 豆腐は水けをふき5等分に切る。トマトはへたを取り縦に5等分に切る。皿に豆腐とトマトを交互に並べ、塩、こしょうをふり、オリーブオイルをかける。

メモ
トマトとモッツァレラチーズを使うカプレーゼ。
チーズのかわりに豆腐を使えば、よりヘルシー。

調理時間
3分

鍋も使わないから、お茶を入れる感覚で作れる！

調理時間
1
分

クイックみそ汁

材料（1人分）

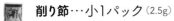
みそ…小さじ2

削り節…小1パック（2.5g）

焼き麩…適量

乾燥わかめ…適量

① 器に材料をすべて入れる。

② ①に熱湯1カップ（分量外）を注ぎ、よく混ぜる。

クイックみそ汁 バリエ

こんな具の組み合わせもおすすめ！

香りがいい
豆腐＆焼きのり

コクうま
揚げ玉＆万能ねぎ

メモ

だし用の削り節も具として食べてしまいましょう。
具はプチトマトや、納豆などもおいしいです。

栄養バランスをよくするポイント

せっかく自炊するんだったら、体のことを考えて作ってみませんか？
毎日頑張れなくても、1週間、1ヵ月で栄養の帳尻が合えば大丈夫ですよ。

ポイント ❶
炭水化物、たんぱく質、ビタミン類をとる

ご飯、パン、麺などの主食は炭水化物、肉や魚といったメイン料理に使う食材はたんぱく質。
野菜はビタミン類。この3つが揃った食事を心がけましょう。

炭水化物 ご飯やパンなど　　**たんぱく質** 肉や魚など　　**ビタミン類** 野菜など

ポイント ❷
いろいろな色の食材をとる

食材を赤、緑、白、黒、黄と色で分類してみて、この5色が揃うように食事を作ると
自然に栄養バランスがとれるもの。カラフルなメニューを目指しましょう。

赤
にんじん、トマト、パプリカ、ハムなど

緑
キャベツ、ピーマン、ほうれんそう、ブロッコリーなど

白
もやし、豆腐、玉ねぎ、じゃがいもなど

黒
のり、わかめ、しめじ、黒ごまなど

黄
卵、コーン、チーズ、納豆など

限られたもので作って食べるコツ

「スペースがないから家で作って食べることはむずかしい」と思っている人はいませんか?
広いスペースやたくさんの器がなくても工夫次第で十分できますよ。

調理にも使える
食器を選ぶ

小さな耐熱ガラスボウルは、調味料を混ぜ合わせたり、卵を溶いたりするのにぴったり。横幅 20cm程度の高さがある耐熱皿、横幅 25cm程度のカレー・パスタ皿は、2 章の調理家電レシピにも使えて便利です。

調理器具は
外に出しておく

キッチンに引き出しがなかったり、収納キャビネットなどを置くスペースもない場合、あえてしまわずに外に出しておいても OK。箸立て（カトラリースタンド）に差しておけば、手に取りやすいです。

多用途に使える
食器を選ぶ

茶碗や汁椀を揃えなくても、直径 10cm程度のボウルやマグカップがあれば、ボウルにご飯、マグカップにみそ汁を入れても。もちろんボウルにみそ汁やおかずを入れたり、マグカップは飲みものを飲むのにも使えます。

ワンプレートで盛る

直径 22 〜 24cmの底が平たい皿があれば、ご飯、おかず、野菜などを全部盛ったワンプレートにしやすいです。洗いものが少なくなるのもいい!

4章

鍋 に材料を入れるだけレシピ

材料を入れてから火にかける
「コールドスタート」で焦らずにできる！

ピリ辛味で
お腹の中から
あったまる！

調理時間
10
分

キムチチゲ

材料（1人分）

		A	
キムチ ⓐ…80g		ごま油…小さじ1	
豚こま切れ肉 ⓑ…100g		しょうが（チューブタイプ）…10㎝（小さじ1）	
豆もやし ⓒ…1袋（200g）		にんにく（チューブタイプ）…5㎝（小さじ1/2）	
木綿豆腐 ⓓ…小1丁（200g）	B	コチュジャン…大さじ1	
水…150㎖		しょうゆ…小さじ2	

①
鍋にキムチ、豚肉、**A**を入れて中火にかける。ときどき混ぜながら肉の色が白っぽくなるまで火を通す。

②
①に**B**、豆もやし、水を加え、ふたをして弱めの中火で5分ほど煮る。ふきこぼれないよう注意して。

③
ふたを取り、全体を混ぜ、スプーンですくった豆腐を入れる。再びふたをして3分ほど煮る。

メモ
作り方③で卵を割り入れてもOK。豆腐はつるっとしているほうが好きなら絹ごし豆腐を使って。

キャベツと豚のうまみがギュッと凝縮

調理時間
15
分

キャベツと豚肉の重ね蒸し

材料（1人分）

キャベツ ⓐ…大4枚（200g）
豚ばら薄切り肉 ⓑ…150g
塩…小さじ1/2（3つまみ）

酒…大さじ2
ポン酢
　…大さじ1〜2

ⓑ

ⓐ

① キャベツは大きめのざく切りに、豚肉は5cm幅に切る。

② 鍋に1/4量のキャベツを敷き、1/3量の豚肉を広げ、塩を1つまみ散らす。これを3回繰り返し、最後に残りのキャベツをのせる。

③ ②に酒をかけ、ふたをして中火にかける。煮立ったら弱火にして8分煮る。ポン酢につけて食べる。

メモ
水を加えなくてもキャベツから水けが出るから大丈夫。キャベツを白菜にかえたり、
ポン酢を塩＆ごま油にしたり、お好みでアレンジして。

“ 誰もが愛する鉄板の甘辛丼 ”

調理時間
20
分

時短で角煮丼

材料（1人分）

豚ばら肉（焼き肉用）ⓐ…150g
長ねぎⓑ…1本（150g）
卵ⓒ…1個

A　しょうが（チューブタイプ）…10cm（小さじ1）
　　にんにく（チューブタイプ）…5cm（小さじ1/2）
　　しょうゆ、酒…各大さじ2
　　砂糖…大さじ1
　　水…150mℓ
ご飯…多めの1膳分

ⓒ　　ⓐ
ⓑ

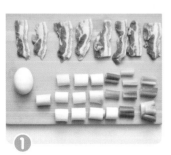

❶
長ねぎは3cm長さに切る。卵はゆでて殻をむく（p.25参照）。

❷
鍋に豚肉、長ねぎ、Aを入れ、ふたをして中火にかける。沸いてきたら弱めの中火にし、10分煮る。

❸
ふたを取り、汁が半量になるまで煮詰める。ゆで卵を加えて火を強め、鍋をゆすりながら煮汁をからめる。器にご飯を盛り、煮汁とともにかける。

メモ
「五香粉（ウーシャンフェン）」というスパイスを加えると、台湾料理の「ルーローハン」風になります。

“ にんにく＋オリーブオイルで スペイン風 ”

調理時間
10
分

あさりとパプリカのスペイン煮

材料（1人分）

あさり（殻つき。砂抜き処理済みのもの）ⓐ
　…150g
パプリカⓑ…1個（150g）
玉ねぎⓒ…1/2個（100g）

にんにく（チューブタイプ）…5cm（小さじ1/2）
オリーブオイル…大さじ2
水…大さじ3
A 塩…小さじ1/6（1つまみ）
　　一味唐辛子…好みの量

ⓒ

ⓐ　　ⓑ

❶ パプリカは種とへたを取り、1cm幅に切る。玉ねぎは8等分のくし形に切る。

❷ 鍋にオリーブオイル、玉ねぎ、パプリカを入れる。水を加え、ふたをして中火で3分煮る。

❸ ②のふたを取り、あさりとにんにくを加え、再度ふたをしてあさりの口が開くまで2〜3分煮る。全体を混ぜ、**A**で味を調える。

メモ
あさりは殻に汚れがついているので、ボウルにはった水の中でこすり合わせるようにして洗いましょう。

骨つき肉を使うとうまみが増す!

調理時間 **20** 分

スープカレー

材料(1人分)

鶏手羽元 ⓐ…6本 (300g)
トマト ⓑ…中1個 (150g)
玉ねぎ ⓒ…1/2個 (100g)
じゃがいも ⓓ…1個 (150g)
塩…小さじ1/3 (2つまみ)
こしょう…適量
サラダ油…小さじ1

バター…10g
しょうが (チューブタイプ)…10cm (小さじ1)
にんにく (チューブタイプ)…5cm (小さじ1/2)
カレールウ (フレークタイプ)…50g
洋風スープの素 (顆粒)…小さじ2
水…300mℓ

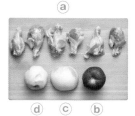

ⓐ

ⓓ ⓒ ⓑ

❶
手羽元に塩、こしょうをすり込む。玉ねぎはくし形に、トマト、じゃがいもは半分に切る。

❷
鍋にサラダ油をひき、鶏肉を入れ中火にかける。熱くなったら肉を転がし、色が白っぽくなるまで炒める。

❸
②にトマト、カレールウ以外の材料をすべて加える。沸いたらふたをして弱火にし、10分を目安に煮る。

❹
じゃがいもがやわらかくなったら、トマト、カレールウを加え混ぜとかし、さらに2分煮る。塩、こしょう(分量外)で味を調える。

メモ
ご飯といっしょに盛るときは、サラサラのカレーに浸ってしまわないように、ご飯を丸く形作っておくといいですよ。

きのこがコク、うまみ、ボリュームをアップ！

きのこたっぷり牛丼

調理時間 **10**分

材料（1人分）

牛こま切れ肉ⓐ…80g
玉ねぎⓑ…1/2個（100g）
しめじⓒ…1パック（100g）
卵黄ⓓ…1個

A｜めんつゆ（3倍濃縮）、みりん、水…各大さじ2
ご飯…多めの1膳分

❶ 玉ねぎは、横に1cm弱の厚さに切る。しめじは石づきを切り落とす。

❷ 鍋にA、玉ねぎ、しめじを入れ、ふたをし中火にかける。煮汁が沸いたら弱火にして、野菜がくたっとなるまで4〜5分煮る。

❸ ❷に牛肉を入れて火を強め、ぶくぶく煮立たせ、肉の色が変わったら火を止める。器にご飯を盛り、具をかけたら中央に卵黄をのせる。

メモ
卵黄だけ使うときは、小さい器に卵を割り入れてスプーンですくいましょう。
残った卵白は汁物に入れたり、白身だけフライパンで焼いても。

ベーコンのだしが野菜の甘みを引き立てます

調理時間
15
分

キャベツとベーコンのポトフ

材料（1人分）

キャベツ ⓐ…大1/6〜1/8個 (200g)
玉ねぎ ⓑ…1/2個 (100g)
ベーコン （かたまり）ⓒ…100g
洋風スープの素 （顆粒）…小さじ2
水…1カップ
バター…10g
粒マスタード…適量

ⓒ
ⓐ　　ⓑ

❶ キャベツはざく切りに、玉ねぎは4等分のくし形に切る。ベーコンは2〜3等分に切る。

❷ 鍋に粒マスタード以外のすべての材料を入れ、ふたをして10分煮る。粒マスタードをのせ、つけながら食べる。

メモ
白ご飯にバターを混ぜて、塩、こしょうで味つけしたバターライスを添えても。

鍋ごと食卓に出すときは鍋敷きを！
直前まで火にかけていた鍋を食卓にそのまま置くのはNG。じかに置くと熱で黒く焦げてしまいます。必ず「鍋敷き」の上にのせるようにしましょう。

" 具もパスタも
同時ゆででOK "

ひと鍋ナポリタン

調理時間
10
分

材料（1人分）

ピーマン ⓐ…1個（35g）
玉ねぎ ⓑ…1/2個（100g）
ウインナー ⓒ…4本（80g）
トマトジュース（食塩無添加）ⓓ
　…1カップ
パスタ（ゆで時間7分のもの）ⓔ…100g
水…1カップ

A ケチャップ、オリーブオイル
　…各大さじ1
　洋風スープの素（顆粒）
　…小さじ1/2
　こしょう…少々
粉チーズ…適量

❶ ピーマンはへたと種、わたを取り、横1cm幅に切る。玉ねぎは縦1cm幅に切る。ウインナーは斜め切りにする。

❷ 鍋にトマトジュース、半分に折ったパスタ、水、ピーマン、玉ねぎを入れて中火にかけて沸かす。

❸ ふたをして5分煮る。ふたを取り、ウインナーを加えて2分ほど煮る。火を強め、混ぜながら水分が少なくなるまで煮る。

❹ Aを加えて混ぜ合わせる。器に盛り、粉チーズをふる。

メモ
パスタは必ずゆで時間7分のものを使ってください。

インスタントラーメンを使って

香りがさわやかで、さっぱりと食べられる

調理時間 8分

レモンチキンラーメン

材料（1人分）

インスタントラーメン（塩）ⓐ
　…1/2個
レモン（輪切り）ⓑ…1枚
水…300mℓ

サラダチキン（食べやすい大きさに裂く）ⓒ
　…1/2枚（55g）
レタス（食べやすい大きさにちぎる）ⓓ
　…2枚（60g）

こしょう…少々

ⓐ ⓑ
ⓒ ⓓ

❶ ラーメンを包丁で半分に切る。

❷ 鍋に湯を沸かし、ラーメンを入れてほぐす。袋の表示通りゆでる。

❸ 付属のスープの素を半量加えて混ぜ、レタスとレモンを加える。器に盛り、チキンをのせ、こしょうをふる。

メモ
ラーメンを半量でヘルシーに。1袋使うときも具はこの分量でOK。

トマトのうまみで極うまスープに!

調理時間 8分

ピリ辛トマトラーメン

材料(1人分)

インスタントラーメン(塩)ⓐ
　…1/2個

万能ねぎⓑ…2本

水…300㎖

トマト(へたを取り、6等分のくし形に切る)ⓒ
　…小1個(100g)

豆板醤(トウバンジャン)…小さじ1/3

卵ⓓ…1個

❶ ラーメンを包丁で半分に切る(p.44参照)。鍋に湯を沸かし、ラーメンを入れてほぐす。豆板醤、トマトを加える。

❷ 袋の表示通りにゆで、付属のスープの素を半量加えて混ぜ、万能ねぎをはさみで1cm長さに切りながら加える。

❸ 卵を割り入れ、半熟になるまで加熱する。

メモ
ラーメンはしょうゆ、みそなどお好みのものでも試してみて。酢やラー油を足しても。

ゆでパスタを使って

のっけるだけだから時短

調理時間
10
分

ツナとなめたけのパスタ

材料（1人分）

なめたけⓐ…50g

ツナ缶ⓑ…小1缶（70g）

大葉ⓒ…5枚

パスタⓓ…100g

オリーブオイル…大さじ1と1/2

ⓐ

ⓒ ⓑ ⓓ

❶
大葉は食べやすくちぎる。

❷
ツナは汁けをきる。パスタを
ゆで（p.48参照）、ざるにあげて
器に盛り、具材をのせ、オ
リーブオイルをかける。

メモ
食べるときは具材とオイルが全体にからむようによく混ぜて。

" 和えるだけだから簡単 "

調理時間 **10** 分

カルボナーラ

材料（1人分）

卵ⓐ…2個
ベーコンⓑ…2枚
冷凍ブロッコリーⓒ…5個

粉チーズⓓ…大さじ2
パスタⓔ…100g
粗びき黒こしょう…適量

❶ ベーコンは2cm幅に切る。

❷ 耐熱皿にベーコンを入れてラップをし、電子レンジで1分加熱し、卵、粉チーズ、こしょうを加えて混ぜ合わせる。

❸ パスタをゆでる（p.48参照）。ゆであがり30秒前にブロッコリーを加え、ざるにあげ、②と混ぜ合わせる。

メモ

パスタと混ぜても卵がとろりとしないで生っぽいときは、電子レンジで30秒ほど加熱して手早く混ぜてください。

小さな片手鍋でパスタをゆでる

大きな鍋がないとパスタはゆでられないと思っていませんか？
片手鍋でも大丈夫！ 上手にゆでるコツをお教えします。

① 鍋に湯を沸かす。1人前100gのパスタに対して熱湯1ℓ＋塩小さじ2を入れる。

② パスタを半分に折って加え、袋の表示時間どおりゆでる。

③ ゆであがったらパスタをトングで取り出して、ボウルに重ねたざるへ入れ、しっかり湯をきる。

パスタは冷凍保存もできる

パッケージの表示時間より1分短めにゆでて、流水で冷やし、水けをしっかり取って、1食分ずつ小分けにして保存袋に入れて冷凍。使うときは凍ったまま電子レンジのあたためモードで解凍。3週間冷凍保存可。

メモ
フライパンでゆでると直径が広い分、水分が蒸発しやすくてパスタがしょっぱくなりやすいので、深さのある鍋でゆでるのがおすすめ。パスタを半分に折っても、食べたときの感じはあまり変わりません。

具材たっぷりの豚汁ならおかずにもなる！

みそ汁に豚肉を加えれば豚汁にヴァージョンアップ。
これにご飯を合わせれば栄養満点の献立になります。

材料（2人分）

豚こま切れ肉…50g

にんじん（薄めの半月切り）…20g

玉ねぎ（薄切り）…1/4個（50g）

じゃがいも（1.5cmの角切り）
　　…1個（150g）

水…500mℓ

だしパック…1袋

みそ…大さじ2〜3

① みそ以外の材料を鍋に入れて火にかける。

② 沸いたらあくを取り、弱火にして8分程度煮る。

③ お玉にみそを取り鍋に入れ、箸でよく溶かす。

メモ
これとご飯だけで栄養満点。余ったら冷蔵庫で保存して、3日は食べられます。だしパックでしっかりうまみが出るので、野菜だけで作っても十分おいしいです。

残った野菜は冷凍保存

玉ねぎやきのこなどが半端に余ったときは、食べやすく切り、まとめて冷凍保存をしておくと、いつでもみそ汁に使えます。

賢く保存する方法

食材や作ったものはおいしく食べきりたいもの。
できるだけ傷まないように保存して、食品ロスをなくしましょう。

余った食材は
ラップで包む

野菜類、肉類が余ったときはラップでぴちっとくるんで。
なるべく空気に触れないほうがおいしく保存ができます。
かさばるものはポリ袋でもOK。

おかずはふたつき
保存容器に入れる

肉じゃがやカレーなどを多めに作ったとき、鍋ごと保存す
ると調理に使えず不便だし、冷蔵庫で場所をとってしま
います。ふたつき保存容器に移せば、他のものと重ね
て入れることも可能。四角い形のほうがスペース節約に。

ご飯は
1食分ずつ保存

ご飯は一度にたくさん炊いて保存するのがおすすめ。
ラップで包んだり、1食分用の保存容器に入れれば冷
蔵庫で4日保存できます。

冷凍保存は冷凍対応の
保存袋に入れる

ご飯や肉など、すぐ食べる予定がないときは冷凍庫で
保存しましょう。厚みのある冷凍対応のチャック付き保存
袋に入れれば、乾燥や酸化による「冷凍焼け」という
状態を防ぐことができ、味が落ちにくいです。

フライパンで作る

5章

ビギナーレシピ

おなじみメニューが簡単に！
こまかいプロセスでわかりやすい！

チキンスペアリブの甘辛煮

" ご飯もビールもすすむ、
みんな大好きやみつき系 "

材料（1人分）

チキンスペアリブ…9本

A｜しょうゆ、みりん…各大さじ1
　｜砂糖…小さじ1
　｜水…大さじ3

うずらの卵（水煮）…6個

白すりごま…大さじ1

メモ

すりごまを入れると風味がよくなるし、
たれの汁けを吸って鶏肉によくからむようになります。

1 フライパンに材料を入れる

① フライパンに鶏肉、A、うずらの卵を入れる。

2 煮る

② ふたをして中火にかける。ぶくぶくと沸いたら弱火にし、5分加熱する。

だんだん煮汁がトロッとしてくる！

③ ふたを取り、強火にしてフライパンをゆすりながら煮汁がほぼなくなるまで焦がさないように水分をとばす。

3 盛りつける

④ 皿に盛り、すりごまをかける。

味バリエ

コチュジャンで韓国風に

Aの調味料をコチュジャン大さじ1/2、しょうゆ小さじ1、にんにくチューブ5cm（小さじ1/2）、酒大さじ1、水大さじ3にかえて、同じように作ると、韓国風の味に！

チキンスペアリブについて

チキンスペアリブは「手羽中」と呼ばれる部位を縦半分に切ったもの。火の通りがよくて調理がラクなので料理ビギナー向きの食材。食べやすさも魅力です。

ポークソテー

調理時間
10
分

❝ 外はカリッ、中はジューシーな焼き上がりに ❞

材料（1人分）

豚ロース肉（ステーキ用）
　…2cm程度の厚さのもの1枚（150g）

ベビーリーフ…1パック

プチトマト…3〜4個

塩…小さじ1/4（軽く2つまみ）

こしょう…少々

サラダ油…小さじ1

粒マスタード…小さじ1

メモ
豚肉は写真のように脂身が側面1ヵ所にあるものがおすすめ。
焼く30分前には冷蔵庫から出しておきましょう。

1 肉の筋切り ＆下味

焼いている間に肉が丸まるのを防ぎます

① 豚肉は脂身と赤身の間にある筋を包丁を刺すように入れて切り、塩、こしょうをふる。

2 ベビーリーフをシャキッとさせる

② 葉野菜は水につけてパリッとさせ、ざるにあげて水けをきる。ペーパータオルで包んで水けをしっかりふきとる。

3 肉を焼く

③ フライパンにサラダ油を入れ、フライ返しなどで広げる。

④ 豚肉を皿に盛るとき見える面を下にして置き、ふたをして中火にかける。パチパチと音がしてからさらに2分焼く。

4 盛りつける

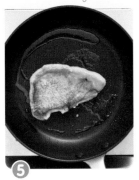

肉は動かさないこと！

⑤ ふたを取り、肉を裏返してさらに2〜3分焼く。

⑥ ⑤を皿に盛り、②、へたを取ったプチトマト、マスタードを添える。

味バリエ

甘みそごまだれで和風に！
みそ、白すりごま、砂糖各小さじ1と水小さじ2を混ぜた甘みそごまだれをかけると和風に！

55

しょうが焼き

調理時間
5分

> 肉のやわらかさに
> こだわったレシピ

材料（1人分）

豚しょうが焼き用肉＊…150g

キャベツ…2枚（100g）

A | **みりん**…大さじ1
| **しょうゆ**…小さじ2
| **しょうが**（チューブタイプ）…10cm（小さじ1）

サラダ油…小さじ1

＊しょうが焼き用肉は薄切り肉より少し厚めです。

焼き色をつけたいときは、最後に火を強めて。
ただし長く焼き続けていると固くなるので要注意です。

1 肉に下味を つける

①

豚肉はパッケージの
ラップをはずし、汁けが
あれば捨てて、トレイの
まま**A**を加え軽くからめ
ておく。

2 キャベツを盛る

②

キャベツは食べやすい
大きさに手でちぎり、皿
に広げる。

3 肉を焼く

③

フライパンにサラダ油
を入れ、フライ返しなど
で広げる。

④

①を重ならないように
広げ、つけ汁を加える。
強火にかけ、パチパチ
音がしてから1分焼く。

ところどころ赤い部分
が残っていて OK

⑤

表面が白くなりはじめ
たら裏返し、中火で1分
焼き、②の上に盛る。

風味アップだけじゃない しょうがの効果

しょうがには肉のたんぱく質を
分解する酵素が含まれており、
つけることでやわらかくなりま
す。チューブタイプのものより
生のしょうがを使ったほうが効
果が出やすいので、ひと手間
かけてみるのもおすすめ。

とんぺい焼き

調理時間
10分

" 罪悪感なしで満腹になれる! "

材料(1人分)

豚ばら薄切り肉…80g

もやし…1袋(200g)

せん切りキャベツ…小1袋(130〜150g)

卵…2個

青のり…適量

サラダ油…大さじ1/2

中濃ソース…適量

メモ
うまく形にならなかったときは、
ペーパータオルで覆って手で整えれば大丈夫。
これ1品で1日分の野菜がとれます。

1 肉を切る

① 豚肉は4cm幅に切る。

2 炒める

油なしでOK

② フライパンに豚肉を広げ、強めの中火にかける。

③ こんがり焼き色がついたら裏返し、さっと焼いて端に寄せる。

④ もやしとキャベツを入れ、ふたをして中火で2分加熱する。

3 卵で包む

余分な水けがきれます

⑤ 全体を混ぜ、しんなりしたら火を止め、ざるにあげる。ソースを2〜3回し加えて混ぜ、そのままおく。

⑥ ボウルに卵を割りほぐす。フライパンをさっと洗って水けをふき、サラダ油を広げて中火にかけ、卵を入れる。

⑦ 箸で軽く混ぜ、固まってきたら⑤を片側に寄せてのせる。フライ返しで卵を具にかぶせるように少し折る。

⑧ 折り返していないほうを皿に近づけ、そのままひっくり返すように盛る。青のりとソースをかける。

マーボー豆腐

調理時間
8
分

" レトルトを使うのと
同じくらい簡単!? "

材料(1人分)

木綿豆腐…小1丁（200g）
豚ひき肉…100g
万能ねぎ…1本

A
にんにく（チューブタイプ）…5㎝（小さじ1/2）
しょうが（チューブタイプ）…10㎝（小さじ1）
みりん…大さじ1
ごま油、しょうゆ、みそ…各小さじ1
豆板醤（トウバンジャン）…小さじ1/2
水…大さじ3

1 肉と調味料を混ぜる

❶ フライパンにひき肉と**A**を入れる。

❷ ゴムべらなどでよく混ぜる。

2 炒め煮にする

❸ 中火にかけ、熱くなったら肉をほぐしながら全体を混ぜる。弱火にし、そのまま2分加熱する。

煮汁が多い感じがしたら加熱時間を長めに

3 豆腐を加える

❹ 豆腐を入れ、へらで押してサイコロ状に切り、さらに2分煮て、火を止める。

4 万能ねぎを加える

❺ ねぎをはさみで1cm長さに切りながら加え、混ぜる。

豆板醤って便利
一味唐辛子でもいいけれど、豆板醤を使うと、一気に中華風の深みのある味わいになります。

キーマカレー

調理時間 **15** 分

" プチトマトで
見栄えも味もアップ "

材料（2人分）

合いびき肉…200g	塩…小さじ1/2（3つまみ）
プチトマト…8個	こしょう…少々
ひよこ豆（ドライパック）…1袋（50g）	水…200mℓ
A サラダ油…小さじ1	カレールウ（フレークタイプ）
しょうが（チューブタイプ）…10cm（小さじ1）	…40〜50g程度
にんにく（チューブタイプ）…5cm（小さじ1/2）	バター…5g

1 肉を炒める

❶
フライパンに**A**を入れ、
フライ返しなどで広げ
ながら混ぜる。

❷
ひき肉を入れ広げて、
塩、こしょうをふる。中
火にかけ、ゴムべらなど
でよく混ぜる。

❸
温度が上がってパチ
パチと音がしたら、とき
どき混ぜながら全体が
パラリとするまで2分加
熱する。

2 煮る

3 調味する

残ったら
冷蔵保存
4日 OK

❹
水とひよこ豆を加え、沸
いたら火を弱めて5分
煮る。

❺
へたを取ったプチトマ
トを入れ、さっと煮る。

❻
いったん火を止め、カ
レールウとバターを加
える。カレールウが溶
けたら、再び中火にか
け、全体にとろみがつ
くまで加熱する。

※器に盛ったご飯に半量かけ、
目玉焼き（作り方はp.26参照）を
のせる。

63

シーフード焼きそば

調理時間
15
分

66 魚介のうまみたっぷり！ 99

材料（1人分）

焼きそば用蒸し麺…1玉

冷凍シーフードミックス…1袋（170g）

豆苗（トウミョウ）…1パック

サラダ油…大さじ1/2

水…大さじ1

鶏がらスープの素（顆粒）…小さじ1

メ モ

シーフードミックスは1袋たっぷり使って豪快に。
たっぷり入れることでうまみの濃い焼きそばになります。

1 下準備

① シーフードミックスはボウルを重ねたざるに入れて熱湯をかけ、表面の氷を溶かす。

② 豆苗は根元を切り落とす。

2 炒める

③ フライパンにサラダ油を入れ、フライ返しなどで広げる。

④ 麺、シーフードミックス、水を入れ、ふたをして中火で約2分加熱する。

⑤ ふたを取り、全体をほぐしながら2分ほど炒める。

⑥ ②と鶏がらスープの素を加え、全体を混ぜながら豆苗に火が通るまで炒めて器に盛る。

豆苗は再生栽培できる!

豆苗は根の部分を水につけておくと、新しい茎と葉が伸びてきて収穫できます。室内でも栽培可能。保存容器などを使い、根の部分がひたるくらい水を入れます。水は毎日取り替えましょう。

デミハンバーグ

調理時間
15
分

" 1個だけ
作りたい人のためのレシピ "

材料（1人分）

合いびき肉…150g

食パン（6枚切り）…1/6枚

玉ねぎ…1/6個（30g）

しめじ…1パック（100g）

塩…小さじ1/6（1つまみ）

こしょう…少々

サラダ油…小さじ1

《ソース》

A | **デミグラスソース**（小分けパック）
…1袋（50g）

水…大さじ4

塩…小さじ1/6（1つまみ）

こしょう…少々

バター…5g

メ モ

デミグラスソースは
使い切りタイプの小分けパックが
便利です。

1 下準備

①

パンは少量の水（分量
外）にひたす。しめじは
石づきを切り落とす。

②

玉ねぎは薄切りにして、
それを90度回転させ
てさらに細かく切る。

2 もむ＆成形

③

ポリ袋に塩、こしょうを
入れ、軽く水を絞った
①のパンを加える。袋
ごとよくもみ、ひき肉を
加え、さらにもむ。

④

②を加え、練りすぎない
ように混ぜる。

3 焼く

⑤

袋に入れたまま成形す
る。まわりにひびがない
ようにまとめ、厚さ2cm
の小判形にする。

⑥

フライパンにサラダ油
を入れ、フライ返しで
全体に広げ、ハンバー
グ生地を入れる。ふた
をして中火にかける。

⑦

パチパチと音がしたら、
弱火にして4分焼く。ふ
たを取ってハンバーグ
を裏返し、①のしめじを
散らし、**A**を加える。

煮るときは焦がさ
ないように！

⑧

4〜5分煮て、ハンバ
ーグを取り出し、皿に
盛る。ソースに塩、こ
しょうをふり、バターを加
え、ハンバーグにかける。

蒸し肉じゃが

調理時間
25
分

" 蒸すから時短。
野菜が甘くなる "

材料(2人分)

じゃがいも…3個(400g)

にんじん…1/3本(50g)

玉ねぎ…1個(200g)

豚ばら薄切り肉…150g

A　砂糖、しょうゆ、みりん…各大さじ3
　　水…大さじ5

サラダ油…小さじ2

1 下準備

① じゃがいもは1個を半分に切る。にんじんは縦半分に切り、8mm程度の厚さに切る。

② 玉ねぎは半分に切り、それぞれを4等分のくし形に切る。

2 蒸し煮にする

③ フライパンにサラダ油を広げ、じゃがいも、玉ねぎ、にんじんを入れて全体を混ぜ、油をからめる。

④ ③を覆うように豚肉をちぎりながら広げ、**A**を入れる。

3 煮からめる

途中焦げそうなら、水大さじ2程度を足して

⑤ ふたをして中火にかけ、沸いてきたら弱めの中火で12分ほど蒸し煮にする。

⑥ ふたを取り、味がからむように底から混ぜて、再びふたをしてじゃがいもがやわらかくなるまで3分ほど煮る。

⑦ ふたを取り、火を強め、煮汁がじゃがいもにからむようになるまで煮詰める。

フライパン を使って

親子丼

調理時間
12
分

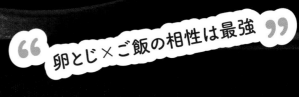

" 卵とじ×ご飯の相性は最強 "

<u>材料（1人分）</u>

鶏もも肉（から揚げ用）…100g

玉ねぎ…1/2 個 （100g）

A | めんつゆ（3倍濃縮）…大さじ2
　 | みりん…大さじ1
　 | 水…大さじ4

卵…2個

ご飯…どんぶり1膳分

1 下準備

①
玉ねぎは薄切りにする。

2 煮る

②
フライパンに鶏肉、①、
Aを入れ、ふたをして
中火にかける。

③
煮立ったら弱火にして
5分煮る。ふたを取って
全体を混ぜ、いったん
火を止める。

3 卵でとじる

④
どんぶりにご飯を盛る。
ボウルに卵を割り入れ、
溶きほぐす。

フライパンか
らすべらすよ
うにして!

⑤
③を再び強めの中火
にかける。煮立ったら
④の卵を半分回し入
れる。半熟になったら残
りを回し入れ、トロッと
なったらご飯にのせる。

素材バリエ

**鶏肉のかわりに買ってきた
カツを使えばカツ丼に**

玉ねぎを調味料と煮た後、食べやす
く切ったカツを入れ、煮立てて溶き卵
を入れます。

野菜炒め

調理時間
10
分

66 絶対に失敗しない
新しい炒め方 99

材料（1人分）

豚こま切れ肉…150g
炒め野菜ミックス

（レシピではもやし、キャベツ、しめじ、
玉ねぎ、にんじん、長ねぎ、青梗菜、
にらをミックスしたものを使用）

…1袋（300g）

にんにく（チューブタイプ）、
しょうが（チューブタイプ）…各5cm（小さじ1/2）
塩…小さじ1/3（2つまみ）
こしょう…適量
ごま油…大さじ1

1 下準備

❶ 豚肉はパッケージの
ラップをはずし、トレイ
のままにんにく、塩1つま
み、こしょう少々を加え、
全体にからめる。

2 野菜に火を通す

塩を油に入れておくと
水が出にくい!

❷ フライパンにしょうが、
塩1つまみとこしょう
少々、半量のごま油を
入れて混ぜる。

❸ 野菜を広げ、ふたをし
て中火にかける。パチ
パチと音がしたら野菜
がしんなりするまで1分
〜1分半加熱する。

❹ ふたを取り、全体を混
ぜて器に盛る。

3 肉に火を通す

❺ ❹のフライパンをペー
パータオルでさっとふ
き、残りのごま油をひ
き、肉を広げる。

❻ 強めの中火にかけて2
分ほど焼き、こんがり焼
き色がついたら裏返し、
火が通るまで焼く。

4 仕上げる

❼ ❻を野菜の上にのせ
る。

サラダチキン

調理時間
10
分

" 短い加熱時間でできちゃう！"

<u>材料（作りやすい分量）</u>

鶏胸肉…2枚（500g）

塩…小さじ1/2（3つまみ）

こしょう…少々

A 酒…大さじ2

水…大さじ4

1 下準備

① 鶏肉に塩、こしょうをすり込む。

2 蒸し煮にする

② フライパンに①、Aを入れる。

③ ふたをして中火にかける。蒸し汁が煮立ったら、ふたを取り鶏肉を裏返す。

④ 再びふたをして弱めの中火にし、5分蒸し煮にする。

3 余熱で火を通す

⑤ 火を止めそのまま粗熱が取れるまでおく。

4 保存する

冷凍保存も OK

⑥ 蒸し汁ごと保存容器に入れて、冷蔵庫で3日保存可能。

 +

サラダチキン +
野菜でサラダに

サラダチキンを手で裂いて市販のサラダ用カット野菜を合わせると、ボリュームたっぷりのサラダに。好みのドレッシングやマヨネーズなどをかけて食べれば、1品でお腹いっぱいになります。

魚を使って

ぶりの照り焼き

調理時間 **10**分

" フライパンで 魚の切り身が焼ける! "

材料（1人分）

ぶり…1切れ（100g）

《たれ》

A｜みりん…大さじ2
　｜しょうゆ、酒…各大さじ1

サラダ油…小さじ1

メモ

フライパンで焼くと魚独特のにおいがこもりやすいですが、たれにつけることでくさみ消しができます。

1 たれにつける

①
ぶりはトレイに余分な水分があれば捨て、**A** を加え、15分ほどつける。

②
ぶりを取り出し、ペーパータオルで汁けをふきとる。トレイのたれはとっておく。

2 焼く

③
フライパンにサラダ油を入れ、フライ返しなどで広げる。

④
ぶりを入れ、ふたをして弱火にかける。

⑤
3分ほど焼き、ふたを取ってぶりを裏返す。

⑥
さらに1分ほど焼き、①のたれを加えて煮からめる。器に盛り、残ったたれをかける。

塩鮭も同様に焼ける!

たれにつけない場合は、ペーパータオルで余分な水分を取ってから焼きましょう。塩鮭のほかにかじきなどの切り身も同様にできます。

さっと作れる栄養レスキューおかず

「野菜が足りない！」「たんぱく質が足りない！」というときに、
パパッとプラスできる小さいおかずたちです。

わかめと
たたききゅうりの酢の物

きゅうり1本を包丁の背などでたたいて食べ
やすく割る。器にきゅうり、乾燥わかめ大さじ
1、酢大さじ1/2、しょうゆ小さじ1、砂糖1つ
まみ、水小さじ1を入れて混ぜ、わかめがや
わらかくなるまで5分ほどおく。

さば缶キムチ

さば水煮缶1缶（190g）の汁けを
きり、器に入れ軽くほぐす。キ
ムチ50gを加え、混ぜる。

納豆オクラ
なめたけ

冷凍オクラ30gを器に
入れ、納豆1パックを
加えてよく混ぜる。さら
になめたけ50gを加え、
さっくり混ぜる。

炒め磯辺ちくわ

ちくわ3本を斜め半分に切る。フライパンにサラダ油小さじ1とちくわを入れ、中火にかける。軽く焼き色がつくまで炒め、仕上げに青のり小さじ1をからめる。

ほうれんそうの
ごまおかか和え

冷凍ほうれんそう100gを耐熱容器に入れてラップをかけ、電子レンジで2分加熱する。取り出して水けを絞り、削り節小1パック、白すりごま小さじ1、しょうゆ少々を入れて和える。

ピーマンとツナのナムル

ピーマン3個はへたとわた、種を取り、耐熱容器に食べやすい大きさにちぎって入れる。ツナ缶小1缶(70g)を軽く汁けをきって加え、ラップをかけて電子レンジで3分加熱する。塩、こしょう各少々で調味する。

きのこのバター蒸し

きのこ(しめじ、エリンギなど)150gは石づきを切り落とし、食べやすい大きさにする。耐熱皿にきのこ、バター5gをのせてラップをかけ、電子レンジで3分加熱する。塩、こしょう各少々で調味する。

上田淳子 (うえだ・じゅんこ)

兵庫県神戸市生まれ。辻学園調理技術専門学校の西洋料理研究職員を経て渡欧。スイスのベッカライ（パン屋）を始め、フランスの三ツ星レストランやシャルキュトリー（ハム・ソーセージ専門店）などで修業を積む。帰国後は東京のサロン・ド・テでシェフパティシエとして勤務したのち、料理研究家として活動。双子の男子の母であり、自らの子育て経験と知恵を生かした作りやすい家庭料理レシピが好評。また料理に興味をもった人たちに寄り添う目線で、初心者にもわかりやすく、作りやすいレシピも多いと人気。『冷凍お届けごはん』『ひとりでできる　子どもキッチン』（ともに講談社）、『おいしくなって保存もきく!塩糖水漬けレシピ』（世界文化社）など著書多数。

初めてのひとりキッチン

2021 年 3 月 10 日　第 1 刷発行

著　　者	上田淳子	
発 行 者	渡瀬昌彦	
発 行 所	株式会社 講談社	
	〒112-8001　東京都文京区音羽 2-12-21	
	電話　03-5395-3527	[編集]
	03-5395-3606	[販売]
	03-5395-3615	[業務]
印 刷 所	凸版印刷株式会社	
製 本 所	株式会社若林製本工場	

© Junko Ueda 2021, Printed in Japan

ISBN978-4-06-523038-1

デザイン	藤田康平（Barber）、白井裕美子
撮影	斎藤浩（本社写真部）
スタイリング	坂上嘉代
調理アシスタント	高橋ひさこ
構成	斎木佳央里